Índice

Capítulo 1: Introducción a TikTok como Plataforma Comercial 1
Capítulo 2: Entendiendo a tu Audiencia en TikTok 1
Capítulo 3: Creación de Contenido Atractivo 1
Capítulo 4: Estrategias para Aumentar Seguidores 1
Capítulo 5: Introducción a la Venta en TikTok 1
Capítulo 6: Técnicas de Conversión de Seguidores a Clientes 1
Capítulo 7: Herramientas y Recursos para Creadores 1
Capítulo 8: Casos de Éxito en TikTok 1
Capítulo 9: Desafíos y Soluciones en la Venta a través de TikTok 1
Capítulo 10: Futuro de TikTok y el Comercio Electrónico 1
Capítulo 11: Conclusión y Pasos a Seguir 1
Del Contenido a la Venta: Transformando Seguidores en Clientes en TikTok 1

Del Contenido a la Venta: Transformando Seguidores en Clientes en TikTok

El libro "Del Contenido a la Venta: Transformando Seguidores en Clientes en TikTok" se presenta como una guía integral diseñada específicamente para creadores de contenido que desean monetizar su presencia en esta plataforma. En un entorno donde la creatividad y la autenticidad son fundamentales, este texto se adentra en estrategias prácticas que permiten a los creadores alinearse con sus audiencias, construir una comunidad leal y, finalmente, convertir a sus seguidores en clientes. Cada capítulo está estructurado para abordar aspectos clave del proceso de transformación, desde la creación de contenido atractivo hasta la implementación de tácticas efectivas de venta.

El primer capítulo establece las bases sobre la importancia de conocer a tu audiencia. Aquí se exploran herramientas y métodos para identificar las preferencias, intereses y comportamientos de los seguidores. A través de análisis de datos y técnicas de investigación, los creadores aprenderán a segmentar su audiencia y a personalizar su contenido para resonar con los diferentes grupos. Esta comprensión inicial es crucial, ya que el éxito en TikTok no solo depende de la calidad del contenido, sino de la relevancia que este tenga para los seguidores.

En los siguientes capítulos, se enfatiza la creación de contenido de valor que no solo entretenga, sino que también eduque e informe. Se presentan estrategias para desarrollar narrativas que atraigan la atención y generen un vínculo emocional con la audiencia. Asimismo, se abordan las mejores prácticas para utilizar tendencias y formatos populares en TikTok, asegurando que el contenido sea no solo creativo, sino también estratégico. La interactividad también juega un papel importante, y se ofrecen consejos sobre cómo fomentar la participación de los seguidores, lo que a su vez aumenta la visibilidad y el alcance del contenido.

La transición del contenido a la venta es el enfoque central de la tercera parte del libro. Aquí, se introducen técnicas de marketing digital que son particularmente efectivas en TikTok. Se discuten métodos para integrar llamadas a la acción de manera natural en el contenido, así como la importancia de utilizar enlaces directos y promociones exclusivas para seguidores. También se analizan casos de éxito de otros creadores, proporcionando ejemplos concretos de cómo han logrado convertir su influencia en ingresos a través de colaboraciones con marcas y la venta de productos propios.

Finalmente, el libro concluye con un capítulo dedicado a la medición y análisis de resultados. Se enfatiza la importancia de establecer métricas claras y de realizar un seguimiento constante del desempeño de las estrategias implementadas. Los creadores aprenderán a interpretar datos de interacción y conversión, lo que les permitirá ajustar sus enfoques y optimizar continuamente su contenido y sus tácticas de venta. A lo largo de este subcapítulo, se reafirma que el camino de transformar seguidores en clientes es un proceso dinámico que requiere adaptación y aprendizaje constante, pero que, con las herramientas adecuadas, puede ser altamente exitoso.

Capítulo 1: Introducción a TikTok como Plataforma Comercial

La evolución de TikTok en el marketing

La evolución de TikTok en el marketing ha sido meteórica, transformando la forma en que los creadores de contenido interactúan con sus audiencias y venden productos. Desde su lanzamiento en 2016, la plataforma ha crecido exponencialmente, alcanzando más de mil millones de usuarios activos en todo el mundo. Este crecimiento ha captado la atención de marcas y emprendedores, quienes han comenzado a reconocer el potencial de TikTok como una herramienta poderosa para el marketing digital. La naturaleza dinámica y visual de la plataforma permite a los creadores de contenido conectar de manera auténtica y directa con su público, lo que a su vez ha modificado las estrategias de marketing tradicionales.

Una de las características más destacadas de TikTok es su algoritmo, que prioriza el contenido relevante y atractivo, independientemente del número de seguidores que tenga un creador. Esto significa que los nuevos creadores tienen la oportunidad de volverse virales con contenido de calidad, lo que democratiza la visibilidad y permite a los productos y marcas ser promovidos de manera más orgánica. Además, el uso de música popular y efectos visuales atractivos facilita la creación de contenido que no solo es entretenido, sino que también puede influir en las decisiones de compra de los usuarios.

A medida que TikTok ha evolucionado, también lo ha hecho su enfoque hacia el comercio y el marketing. La plataforma ha implementado diversas herramientas para facilitar las compras dentro de la aplicación, como TikTok Shopping, que permite a los creadores integrar catálogos de productos directamente en sus perfiles. Esto ha permitido a los creadores de contenido no solo generar engagement, sino también convertir esa interacción en ventas reales. La posibilidad de mostrar productos en acción, a través de tutoriales o reseñas, ha demostrado ser una estrategia efectiva para impulsar la conversión.

La colaboración entre marcas y creadores de contenido se ha convertido en un aspecto fundamental del marketing en TikTok. Las marcas ahora buscan asociarse con influencers que resuenen con su audiencia objetivo, creando campañas que se sienten auténticas y alineadas con la cultura de la plataforma. Estas colaboraciones no solo benefician a las marcas, sino que también ofrecen a los creadores la oportunidad de monetizar su contenido y expandir su alcance. La clave para el éxito en estas colaboraciones radica en la autenticidad y en la capacidad de los creadores para contar historias que conecten emocionalmente con su audiencia.

Finalmente, la evolución de TikTok en el marketing representa un cambio significativo en la forma en que se generan y consumen las compras. A medida que los creadores de contenido continúan innovando y adaptándose a las tendencias de la plataforma, es esencial que comprendan cómo utilizar estas herramientas de manera efectiva para transformar a sus seguidores en clientes. La combinación de creatividad, autenticidad y estrategia de marketing digital puede llevar a una relación más profunda con los consumidores, facilitando no solo la venta de productos, sino también la construcción de una comunidad leal en torno a la marca.

Importancia de TikTok para creadores de contenido

TikTok ha emergido como una de las plataformas más influyentes en el panorama digital actual, y su relevancia para los creadores de contenido es innegable. Desde su lanzamiento, ha revolucionado la forma en que los usuarios interactúan con el contenido, permitiendo a los creadores conectarse con audiencias de manera auténtica y directa. Para aquellos que buscan monetizar su presencia en línea, TikTok no solo ofrece una plataforma para compartir videos, sino también una herramienta poderosa para construir una marca personal y, eventualmente, convertir seguidores en clientes.

La brevedad y el formato dinámico de los videos en TikTok permiten a los creadores de contenido captar la atención de los usuarios de manera rápida y efectiva. Con un límite de 60 segundos, los creadores deben ser creativos y concisos, lo que fomenta la innovación y la originalidad. Esta característica es particularmente ventajosa para aquellos que buscan destacar en un mercado saturado, ya que la capacidad de generar contenido atractivo en poco tiempo puede ser la clave para ganar visibilidad y, por ende, atraer a un público más amplio.

Además, TikTok se basa en algoritmos que favorecen la viralidad, lo que significa que incluso los creadores con una base de seguidores relativamente pequeña pueden alcanzar una gran audiencia si su contenido es lo suficientemente atractivo. Esta democratización del contenido permite a los nuevos creadores tener la oportunidad de hacerse notar, a diferencia de otras plataformas donde el número de seguidores puede ser determinante para la visibilidad. Por lo tanto, la capacidad de crear contenido relevante y emocionante se convierte en un factor crucial para el éxito en TikTok.

La comunidad en TikTok es otro aspecto que resalta su importancia para los creadores de contenido. La plataforma fomenta la interacción y la participación de los usuarios a través de comentarios, reacciones y la posibilidad de compartir contenido. Esto crea un ambiente propicio para construir relaciones sólidas con los seguidores, quienes son más propensos a convertirse en clientes si sienten una conexión genuina con el creador. La autenticidad y la interacción directa permiten a los creadores establecer confianza, un elemento vital en el proceso de venta de productos.

Finalmente, TikTok ofrece diversas oportunidades de monetización, como colaboraciones con marcas, ventas directas a través de la plataforma y donaciones de seguidores a través de regalos virtuales. Estas opciones permiten a los creadores diversificar sus ingresos y aprovechar al máximo su contenido. Al comprender la importancia de TikTok como una herramienta de marketing, los creadores de contenido pueden no solo entretener, sino también transformar su pasión en una fuente de ingresos sostenible, convirtiendo así su comunidad de seguidores en una base de clientes leales.

Objetivos del libro

El presente libro, "Del Contenido a la Venta: Transformando Seguidores en Clientes en TikTok", tiene como objetivo principal guiar a los creadores de contenido en el proceso de convertir su influencia y seguidores en clientes efectivos. Ante la creciente popularidad de TikTok como una plataforma de marketing, es fundamental que los creadores comprendan las estrategias y técnicas necesarias para maximizar su potencial de ventas. Este libro se propone brindar un marco claro y accesible que permita a los usuarios navegar en este entorno dinámico y competitivo.

Uno de los propósitos esenciales de esta obra es proporcionar herramientas prácticas que faciliten la creación de contenido atractivo y persuasivo. A través de ejemplos concretos y estudios de caso, se explorarán las mejores prácticas para diseñar publicaciones que no solo capten la atención, sino que también generen un deseo de compra. Se enfatizará la importancia de entender a la audiencia, sus intereses y comportamientos, para poder ofrecer productos que realmente resuenen con ellos.

Además, el libro busca desmitificar el proceso de venta en TikTok, presentando estrategias que sean tanto efectivas como éticas. Los creadores a menudo tienen dudas sobre cómo implementar tácticas de venta sin alienar a su audiencia. Por ello, se abordarán métodos que permitan integrar la promoción de productos de manera orgánica dentro del contenido, garantizando que la autenticidad y la conexión emocional con los seguidores se mantengan intactas a lo largo del proceso.

Otro objetivo clave es fomentar una mentalidad emprendedora entre los creadores de contenido. A medida que se convierten en figuras influyentes en TikTok, se les anima a ver su actividad no solo como un hobby, sino como un negocio viable. A través de consejos sobre gestión de tiempo, planificación de contenido y análisis de métricas, este libro pretende equipar a los lectores con el conocimiento necesario para tomar decisiones informadas que impulsen su éxito comercial.

Finalmente, se espera que, al finalizar la lectura, los creadores de contenido se sientan empoderados y motivados para aplicar lo aprendido. La transformación de seguidores en clientes no es un proceso sencillo, pero con las estrategias adecuadas y un enfoque perseverante, los resultados pueden ser significativos. Este libro no solo es una guía práctica, sino también una invitación a explorar el potencial ilimitado que TikTok ofrece a quienes están dispuestos a innovar y adaptarse a las demandas del mercado.

Capítulo 2: Entendiendo a tu Audiencia en TikTok

Identificación de tu nicho de mercado

Identificar tu nicho de mercado es un paso fundamental para cualquier creador de contenido que desee monetizar su presencia en TikTok. Un nicho bien definido no solo te ayuda a diferenciarte en una plataforma saturada, sino que también te permite conectar de manera más efectiva con tu audiencia. Antes de lanzarte a la creación de contenido orientado a la venta, es crucial que comprendas quiénes son tus seguidores y qué tipo de productos podrían interesarles. Esto requiere un análisis profundo de tus intereses, habilidades y la naturaleza del contenido que produces.

El primer paso en la identificación de tu nicho de mercado es la autoevaluación. Reflexiona sobre tus pasiones y conocimientos. ¿Qué temas te entusiasman? ¿Qué habilidades únicas posees que podrías compartir en TikTok? Esta introspección te permitirá alinear tu contenido con lo que realmente te gusta hacer, lo que facilitará la autenticidad en tu mensaje y, en consecuencia, atraerá a una audiencia que comparta tus intereses. Recuerda que la autenticidad es clave en plataformas de contenido como TikTok, donde los usuarios buscan conexiones genuinas.

Una vez que hayas definido tus intereses, el siguiente paso es investigar a tu audiencia objetivo. Utiliza las herramientas analíticas de TikTok para conocer la demografía de tus seguidores actuales. Observa sus comportamientos, qué tipo de contenido prefieren y en qué momentos están más activos. Esta información te ayudará a ajustar tu enfoque y a crear contenido que resuene con ellos. Además, no dudes en realizar encuestas o interactuar directamente con tus seguidores para obtener retroalimentación sobre sus intereses y necesidades.

El análisis de la competencia también juega un papel importante en la identificación de tu nicho. Observa qué están haciendo otros creadores de contenido en tu área de interés. Analiza qué tipo de productos están promocionando, cómo interactúan con su audiencia y qué estrategias de marketing están utilizando. Esto no solo te dará ideas sobre cómo posicionarte, sino que también te ayudará a identificar vacíos en el mercado que puedes aprovechar. Encuentra un equilibrio entre inspirarte en otros y desarrollar una voz única que te distinga.

Finalmente, una vez que hayas definido tu nicho de mercado, es esencial que lo mantengas enfocado y adaptable. El entorno de TikTok es dinámico y las tendencias cambian rápidamente. Asegúrate de estar al tanto de las novedades en tu área y de ajustar tu contenido según sea necesario. Mantén una mentalidad abierta para experimentar con diferentes tipos de productos y formatos, pero siempre manteniendo la coherencia con tu marca personal. Al hacerlo, podrás transformar tus seguidores en clientes leales, maximizando así tu potencial de ventas en esta plataforma vibrante.

Análisis de la demografía de usuarios de TikTok

El análisis de la demografía de los usuarios de TikTok es esencial para los creadores de contenido que desean transformar sus seguidores en clientes. A medida que esta plataforma ha crecido en popularidad, se ha convertido en un espacio donde diferentes grupos demográficos se conectan y comparten contenido. Según estudios recientes, la mayoría de los usuarios de TikTok se encuentran en el rango de edad de 16 a 24 años, lo que representa una oportunidad única para aquellos que buscan vender productos dirigidos a un público joven. Sin embargo, es importante señalar que TikTok también ha comenzado a atraer a una audiencia más amplia, incluyendo usuarios de 25 a 34 años, lo que amplía aún más las posibilidades de comercialización.

Además de la edad, la ubicación geográfica de los usuarios de TikTok juega un papel crucial en el análisis demográfico. La plataforma tiene una fuerte presencia en países como Estados Unidos, India y Brasil, lo que indica que los creadores deben considerar el contexto cultural y las tendencias específicas de cada región al desarrollar su contenido. Por ejemplo, ciertos productos pueden tener un atractivo diferente en función de las preferencias locales, lo que significa que entender estas diferencias es vital para maximizar el impacto de las campañas de marketing.

Otro aspecto importante a considerar es el género de los usuarios. Aunque TikTok atrae a una audiencia diversa, se ha observado que una mayoría significativa de sus usuarios son mujeres. Esta disparidad puede influir en el tipo de productos que los creadores decidan promocionar, así como en la forma en que se presenta el contenido. Los creadores deben ser estratégicos al seleccionar productos que resuenen con su audiencia femenina y considerar colaborar con influencers de diversos géneros para alcanzar una mayor diversidad en su base de seguidores.

La segmentación de la audiencia también se puede realizar a través de intereses y comportamientos. TikTok permite a los usuarios interactuar con contenido que va desde la moda hasta la tecnología, lo que significa que los creadores deben identificar las categorías que mejor se alinean con su marca personal y los productos que desean vender. Al comprender los gustos y preferencias de su audiencia, los creadores pueden diseñar contenido que no solo atraiga a sus seguidores, sino que también fomente la conversión en ventas.

Finalmente, un análisis demográfico eficaz debe ser complementado con el seguimiento de las tendencias emergentes en la plataforma. TikTok es conocido por su naturaleza dinámica y su capacidad para popularizar rápidamente nuevos desafíos y modas. Los creadores que se mantengan informados sobre las tendencias actuales y las incorporen en su contenido no solo mantendrán a su audiencia comprometida, sino que también estarán en una mejor posición para capitalizar sobre estas tendencias a través de la venta de productos. En resumen, el análisis demográfico en TikTok es una herramienta fundamental para los creadores que buscan convertir su influencia en resultados comerciales tangibles.

Creación de perfiles de audiencia

La creación de perfiles de audiencia es un paso fundamental para cualquier creador de contenido que busca convertir seguidores en clientes en TikTok. Para lograrlo, es esencial entender quiénes son tus seguidores, qué les interesa y cómo se comportan en la plataforma. Este proceso de segmentación te permitirá personalizar tu contenido y estrategias de venta, asegurando que cada mensaje resuene con tu público objetivo. Un perfil bien definido no solo optimiza tus esfuerzos de marketing, sino que también mejora la experiencia del usuario al ofrecer contenido relevante y atractivo.

El primer paso en la creación de perfiles de audiencia es la recopilación de datos demográficos. Esto incluye información como la edad, el género, la ubicación geográfica y los intereses de tus seguidores. TikTok ofrece herramientas analíticas que te permiten acceder a estos datos de manera sencilla. Al conocer las características demográficas de tu audiencia, podrás adaptar tu contenido y productos a sus preferencias, aumentando así la probabilidad de conversión. Por ejemplo, si descubres que la mayoría de tus seguidores son jóvenes interesados en la moda, podrás centrarte en crear contenido que destaque tendencias y productos relacionados.

Aparte de los datos demográficos, es importante analizar el comportamiento de tus seguidores en la plataforma. Observa qué tipo de contenido genera más interacciones, qué horarios son más propicios para publicar y cuáles son las tendencias actuales en tu nicho. Esta información te ayudará a entender qué les gusta a tus seguidores y cómo puedes satisfacer esas expectativas. La creación de contenido que resuene con los intereses y comportamientos de tu audiencia no solo mantiene su atención, sino que también fomenta una conexión más profunda, lo que es crucial para la conversión a ventas.

Una vez que tengas una comprensión clara de quién es tu audiencia, el siguiente paso es crear perfiles de cliente ideales o "buyer personas". Estos perfiles son representaciones ficticias de tus clientes basadas en los datos recopilados. Incluyen detalles como sus motivaciones, desafíos, hábitos de compra y preferencias de consumo. Al desarrollar estos perfiles, puedes diseñar estrategias de contenido y marketing más efectivas, alineando tus productos y mensajes con lo que realmente buscan tus seguidores. Esta personalización es clave para destacar en un entorno tan competitivo como TikTok.

Finalmente, la creación de perfiles de audiencia es un proceso continuo. A medida que evolves en tu carrera como creador de contenido y tu audiencia crece, es crucial seguir revisando y actualizando estos perfiles. Las tendencias cambian rápidamente en las redes sociales, y lo que funcionaba hace unos meses puede no ser efectivo hoy. Al mantener un enfoque flexible y estar dispuesto a adaptarte a las nuevas necesidades y deseos de tu audiencia, podrás maximizar tus oportunidades de convertir seguidores en clientes leales. Esta metodología no solo te ayudará a mejorar tus ventas, sino que también fortalecerá tu relación con tu comunidad en TikTok.

Capítulo 3: Creación de Contenido Atractivo

Tipos de contenido que generan interacción

En el mundo de TikTok, los creadores de contenido tienen una amplia gama de tipos de contenido a su disposición para generar interacción con su audiencia. Comprender cuáles son estos tipos es fundamental para construir una comunidad activa y, a su vez, facilitar el proceso de conversión de seguidores en clientes. Este subcapítulo explora los tipos de contenido que no solo capturan la atención, sino que también fomentan el engagement y la interacción, elementos clave para el éxito en la plataforma.

Uno de los tipos de contenido más efectivos para generar interacción son los desafíos o "challenges". Estos retos invitan a los seguidores a participar activamente, creando su propio contenido en respuesta a una propuesta específica. Los desafíos pueden estar relacionados con un producto o servicio, lo que permite al creador de contenido no solo aumentar su visibilidad, sino también promover la interacción directa con su audiencia. Al incentivar a los seguidores a participar, se fomenta un sentido de comunidad y pertenencia, lo que puede resultar en un aumento en la lealtad hacia la marca.

Las preguntas y respuestas en formato de video son otra estrategia poderosa. Este tipo de contenido permite a los creadores interactuar directamente con su audiencia, respondiendo a inquietudes o dudas sobre un producto. Al abordar preguntas comunes, los creadores no solo demuestran su experiencia en la materia, sino que también generan confianza entre sus seguidores. La transparencia y la disposición a interactuar son aspectos que pueden convertir a un espectador casual en un cliente potencial, ya que sienten que están recibiendo información valiosa y personalizada.

Los tutoriales o "how-to" son especialmente populares en TikTok y son una excelente manera de generar interacción. Al mostrar a los seguidores cómo utilizar un producto o servicio de manera efectiva, el creador no solo proporciona contenido útil, sino que también invita a la audiencia a compartir sus propias experiencias y resultados. Los seguidores pueden comentar con sus propias versiones, lo que amplifica el alcance del contenido y fomenta una conversación activa. Además, este formato permite demostrar el valor del producto de manera práctica, facilitando así la decisión de compra.

Finalmente, el contenido emocional, que incluye historias personales o testimonios, también juega un papel crucial en la generación de interacción. Los seguidores conectan más profundamente con narrativas que resuenan con sus propias experiencias. Al compartir historias auténticas sobre cómo un producto ha impactado positivamente en la vida del creador o de otros clientes, se establece una conexión más fuerte. Esta conexión emocional no solo fomenta la interacción a través de comentarios y compartidos, sino que también puede motivar a los seguidores a realizar compras, al verse reflejados en la experiencia del creador.

En resumen, los creadores de contenido en TikTok deben diversificar su enfoque al generar interacción. Desde retos y preguntas hasta tutoriales y relatos emocionales, cada tipo de contenido ofrece una oportunidad única para conectar con la audiencia. Al implementar estas estrategias, los creadores no solo aumentan su engagement, sino que también sientan las bases para convertir a sus seguidores en clientes leales.

Técnicas de narración visual

La narración visual es una herramienta poderosa en el mundo del contenido digital, especialmente en plataformas como TikTok, donde la atención del espectador es efímera. Para los creadores de contenido que buscan vender productos a través de sus cuentas, dominar estas técnicas puede ser la clave para transformar seguidores en clientes. La narración visual no solo se trata de contar una historia, sino de hacerlo de manera que resuene emocionalmente con la audiencia y motive a la acción.

Una técnica fundamental en la narración visual es el uso de imágenes llamativas y de alta calidad. En TikTok, donde la competencia es feroz, captar la atención del espectador en los primeros segundos es crucial. Los creadores deben invertir en buena iluminación y en equipos que les permitan captar su contenido de forma profesional. Utilizar colores vibrantes y composiciones visuales atractivas puede hacer que un producto destaque y se vuelva memorable. Además, la incorporación de elementos visuales que reflejen la identidad de la marca ayudará a construir una conexión más fuerte con el público.

Otra estrategia importante es la creación de un hilo narrativo claro y conciso. Cada video debe tener un principio, desarrollo y desenlace, incluso si tiene una duración corta. Esto permite que el espectador siga la historia y se sienta involucrado en el proceso. Por ejemplo, en un video que presenta un producto, se puede comenzar mostrando un problema que el producto soluciona, seguido de una demostración de cómo utilizarlo, y concluir con una llamada a la acción que invite a realizar una compra. Esta estructura narrativa ayuda a que el mensaje se transmita de manera efectiva y persuasiva.

El uso de elementos de emoción es otra técnica clave en la narración visual. Los creadores de contenido deben buscar conectar emocionalmente con su audiencia, ya sea a través de historias personales, testimonios de clientes o situaciones cotidianas que resuenen con el público. Incorporar música y efectos de sonido adecuados también puede potenciar la carga emocional del contenido. Al generar una respuesta emocional, se incrementa la probabilidad de que los espectadores se identifiquen con el producto y se sientan motivados a adquirirlo.

Finalmente, la autenticidad es esencial en la narración visual. Los usuarios de TikTok valoran la autenticidad y la transparencia, por lo que es fundamental que los creadores muestren su verdadero yo y compartan experiencias genuinas. Esto no solo construye confianza, sino que también fomenta una comunidad leal que está dispuesta a apoyar los productos que se promocionan. Al ser auténticos en su narración, los creadores pueden establecer relaciones más profundas con sus seguidores, lo que a su vez se traduce en un aumento en las ventas y el éxito en la plataforma.

Uso de tendencias y desafíos

El uso de tendencias y desafíos en TikTok es fundamental para los creadores de contenido que desean vender productos a través de esta plataforma. Las tendencias son patrones de comportamiento que surgen y se propagan rápidamente, generando un gran interés entre los usuarios. Al incorporarse a estas tendencias, los creadores pueden aumentar su visibilidad y atraer a un público más amplio. Por lo tanto, es esencial que los creadores de contenido se mantengan actualizados sobre las últimas tendencias y desafíos que circulan en la red para poder integrarlos de manera efectiva en sus estrategias de marketing.

Los desafíos en TikTok, que a menudo se presentan como retos virales, ofrecen una oportunidad única para los creadores de contenido. Participar en un desafío popular puede generar un aumento significativo en la interacción con su público. Al vincular sus productos a estos desafíos, los creadores pueden mostrar sus ofertas de una manera divertida y atractiva, lo que puede traducirse en un mayor interés de compra. Por ejemplo, un creador de maquillaje podría participar en un desafío de transformación, donde muestra cómo sus productos pueden ayudar a lograr un look específico, incentivando así a sus seguidores a adquirir esos mismos productos.

Además, el uso de tendencias y desafíos permite a los creadores de contenido conectar emocionalmente con su audiencia. Este tipo de contenido no solo es entretenido, sino que también puede ser inspirador. Los seguidores tienden a compartir y comentar sobre videos que les hacen sentir algo, y al incorporar productos en estas narrativas emocionales, los creadores pueden establecer una relación más fuerte con su audiencia. Esto es especialmente relevante en TikTok, donde la autenticidad y la conexión personal son clave para el éxito.

Sin embargo, es importante que los creadores de contenido no se limiten a seguir tendencias sin un enfoque claro. La autenticidad es crucial; los seguidores valoran la originalidad y la genuinidad. Por lo tanto, al participar en tendencias, los creadores deben asegurarse de que su contenido se alinee con su marca personal y con los valores de los productos que promocionan. De esta manera, no solo se aprovechan las tendencias, sino que también se cultiva una comunidad leal que confía en las recomendaciones del creador.

Finalmente, medir el impacto de las tendencias y desafíos es esencial para ajustar las estrategias de venta. Herramientas analíticas dentro de TikTok permiten a los creadores evaluar qué tipos de contenido generan más interacciones y conversiones. Al analizar estos datos, los creadores pueden identificar patrones de comportamiento en su audiencia y adaptar sus futuros contenidos para maximizar el potencial de venta. De esta forma, el uso estratégico de tendencias y desafíos se convierte en una herramienta poderosa que no solo potencia la visibilidad, sino que también optimiza el proceso de conversión de seguidores en clientes.

Capítulo 4: Estrategias para Aumentar Seguidores

Optimización de tu perfil

La optimización de tu perfil en TikTok es un paso fundamental para transformar seguidores en clientes. En un entorno donde la primera impresión cuenta, tu perfil debe reflejar quién eres y qué ofreces de manera clara y atractiva. Es crucial que tu biografía sea concisa y directa, destacando tu propuesta de valor. Utiliza palabras clave relacionadas con tu nicho y productos, lo que facilitará que los usuarios interesados en tu contenido te encuentren. Recuerda que los primeros segundos son decisivos, así que asegúrate de captar la atención de tus visitantes desde el primer vistazo.

La imagen de perfil es otro elemento clave. Debe ser profesional y representativa de tu marca personal o negocio. Opta por una foto clara y de buena calidad que refleje tu estilo y personalidad. Si representas una marca, considera usar su logo. El diseño y la estética de tu perfil deben ser coherentes con el contenido que produces, creando una experiencia visual que invite a los usuarios a seguirte. Un perfil atractivo no solo invita a más seguidores, sino que también genera confianza en quienes visitan tu cuenta.

El enlace en tu perfil es una herramienta poderosa que no debe ser subestimada. TikTok permite a los creadores incluir un enlace a su sitio web, tienda online o cualquier plataforma donde puedan realizar compras. Aprovecha esta función para redirigir a tus seguidores a lugares donde puedan conocer más sobre tus productos, realizar compras o registrarse para recibir actualizaciones. Utiliza un servicio de acortador de enlaces que te permita rastrear el tráfico y medir la efectividad de tus campañas.

Además, al optimizar tu perfil, es importante considerar la integración de otros canales de comunicación. Si tienes presencia en otras redes sociales, asegúrate de incluir enlaces a ellas. Esto no solo amplía tu alcance, sino que también permite a los seguidores conectar contigo en diferentes plataformas, aumentando la posibilidad de conversión. Puedes utilizar tu biografía para mencionar promociones exclusivas en otras redes o eventos especiales, incentivando a los usuarios a que te sigan en múltiples espacios digitales.

Finalmente, la coherencia en tus publicaciones también juega un papel crucial en la optimización de tu perfil. Asegúrate de que el contenido que compartes refleje la identidad de tu marca y los productos que ofreces. Mantén una línea estética y de mensaje que resuene con tu audiencia. La calidad del contenido es esencial para cultivar una comunidad leal que no solo te siga, sino que también esté interesada en adquirir lo que ofreces. Al optimizar tu perfil, estás sentando las bases para una estrategia de ventas efectiva en TikTok, lo que te permitirá transformar tus seguidores en verdaderos clientes.

Colaboraciones con otros creadores

Colaboraciones con otros creadores son una estrategia fundamental para potenciar el alcance y la visibilidad en TikTok. En un entorno donde la competencia es feroz y la atención del público es efímera, unir fuerzas con otros creadores puede ser la clave para destacar y atraer nuevos seguidores. Las colaboraciones permiten no solo compartir audiencias, sino también aportar variedad y frescura al contenido. Al combinar talentos y enfoques, se pueden crear piezas que resuenen con un público más amplio, lo que a su vez puede traducirse en mayores oportunidades de venta.

Una de las formas más efectivas de colaborar es a través de desafíos o tendencias. Al unirte a un reto popular o iniciar uno propio junto a otro creador, puedes aprovechar la viralidad que estos fenómenos suelen generar. Esto no solo aumenta la exposición de ambos creadores, sino que también ofrece a la audiencia contenido entretenido e innovador. Al incorporar productos en estas dinámicas, se puede inducir a la audiencia a verlos de manera más natural y menos intrusiva, lo que facilita la conversión de seguidores en clientes.

Además, las colaboraciones pueden extenderse más allá de los videos. La creación de contenido cruzado, donde ambos creadores comparten información sobre sus productos o servicios, puede ser muy beneficiosa. Por ejemplo, un creador de contenido de moda puede colaborar con otro de maquillaje, presentando un look completo que incluya productos de ambos. Esta estrategia no solo diversifica el contenido, sino que también da credibilidad a los productos, ya que son recomendados por múltiples voces en la plataforma.

Es importante tener en cuenta que las colaboraciones deben ser auténticas y alineadas con la marca de cada creador. La audiencia es muy perceptiva y puede detectar cuando una colaboración se siente forzada o puramente comercial. Por lo tanto, elegir a los colaboradores adecuados es crucial. Asegúrate de que sus valores, estilos y audiencias sean compatibles con los tuyos. Esto no solo garantizará una colaboración más fluida, sino que también fomentará una conexión más genuina con los seguidores.

Finalmente, al finalizar una colaboración, no olvides medir y analizar los resultados. Observa cómo ha afectado la interacción, el crecimiento de seguidores y, lo más importante, las ventas de tus productos. Esta información te permitirá ajustar tus futuras estrategias de colaboración y optimizar tus esfuerzos para convertir seguidores en clientes. Las colaboraciones son una herramienta poderosa cuando se utilizan correctamente, y pueden ser el puente que te lleve a una comunidad más sólida y a un aumento significativo en tus ventas en TikTok.

Uso de hashtags y sonidos populares

El uso de hashtags y sonidos populares en TikTok es una estrategia fundamental para los creadores de contenido que buscan aumentar su visibilidad y, en última instancia, convertir a sus seguidores en clientes. Los hashtags no solo ayudan a categorizar el contenido, sino que también permiten que los videos sean descubiertos por una audiencia más amplia. Al incluir hashtags relevantes, los creadores pueden conectar con usuarios que están interesados en temas específicos, lo que aumenta las posibilidades de interacción y engagement.

Los sonidos populares juegan un papel crucial en la cultura de TikTok. Utilizar música o efectos de sonido que estén en tendencia puede aumentar significativamente la probabilidad de que un video se vuelva viral. Los usuarios de la plataforma a menudo buscan contenido que utilice estos sonidos, lo que significa que, al incorporarlos en sus publicaciones, los creadores no solo se alinean con las preferencias de la audiencia, sino que también mejoran su capacidad de alcanzar y atraer a nuevos seguidores. Esto es esencial para aquellos que buscan vender productos, ya que una mayor visibilidad puede traducirse en un aumento en las oportunidades de venta.

Para maximizar el impacto de los hashtags, es importante investigar y seleccionar aquellos que son relevantes tanto para el contenido como para la audiencia objetivo. Las etiquetas deben ser una combinación de populares y de nicho. Mientras que los hashtags populares pueden atraer a una gran audiencia, los de nicho permiten llegar a personas que ya están interesadas en un tema específico, lo que puede resultar en una tasa de conversión más alta. Además, es recomendable no saturar los videos con demasiados hashtags; un enfoque equilibrado es más efectivo y evita que el contenido se vea como spam.

La combinación de hashtags estratégicos y sonidos en tendencia puede crear un efecto sinérgico que impulsa el contenido. Al utilizar un sonido popular, los creadores pueden contar una historia más atractiva, mientras que los hashtags ayudan a posicionar ese contenido en el lugar adecuado. Esta estrategia no solo mejora la retención de la audiencia, sino que también fomenta la interacción, como comentarios y compartidos, que son vitales para aumentar la visibilidad del perfil y, por ende, de los productos que se desean vender.

Finalmente, es esencial que los creadores de contenido analicen el rendimiento de sus publicaciones. TikTok ofrece herramientas analíticas que permiten observar qué hashtags y sonidos están funcionando mejor en términos de engagement y visualizaciones. Este análisis puede guiar futuras estrategias de contenido y ayudar a los creadores a afinar su enfoque para maximizar las conversiones. Al entender qué resuena mejor con su audiencia, los creadores pueden ajustar su contenido para no solo captar la atención, sino también convertir esa atención en ventas efectivas.

Capítulo 5: Introducción a la Venta en TikTok

Diferencias entre contenido orgánico y contenido promocional

El contenido en TikTok se puede clasificar en dos categorías principales: orgánico y promocional. Ambos tipos de contenido cumplen funciones diferentes dentro de la estrategia de marketing de un creador, pero es esencial entender sus diferencias para maximizar su efectividad. El contenido orgánico se refiere a aquel que se produce sin un objetivo comercial explícito, mientras que el contenido promocional está diseñado específicamente para vender un producto o servicio. Esta distinción es fundamental para captar la atención de los seguidores y convertirlos en clientes.

El contenido orgánico suele ser más auténtico y natural, ya que se centra en la conexión emocional y en el entretenimiento. Los creadores de contenido utilizan su creatividad para contar historias, compartir experiencias o mostrar su personalidad. Este tipo de contenido permite a los seguidores sentirse identificados y crear una relación de confianza con el creador. En contraste, el contenido promocional tiende a ser más directo y a menudo incluye llamados a la acción claros, como "compra ahora" o "descubre más". Si bien es necesario para generar ventas, su enfoque más comercial puede resultar menos atractivo si no se presenta de manera adecuada.

La frecuencia y el estilo de publicación también difieren entre ambos tipos de contenido. El contenido orgánico puede ser más variado y menos predecible, lo que lo hace más atractivo para los seguidores que buscan entretenimiento. Los creadores pueden experimentar con diferentes formatos, tendencias y desafíos que capturan la atención de su audiencia. Por otro lado, el contenido promocional debe seguir una estrategia más estructurada, donde se planifican las publicaciones con antelación para maximizar el alcance y la conversión. Esto implica un análisis cuidadoso de las métricas y una adaptación constante para encontrar el equilibrio adecuado entre ambos tipos de contenido.

Otro aspecto a considerar es la percepción de la audiencia. El contenido orgánico generalmente se percibe como más genuino y menos intrusivo, lo que puede fomentar una mayor interacción y participación por parte de los seguidores. Esto se traduce en comentarios, "me gusta" y compartidos, lo que a su vez aumenta la visibilidad del creador. En cambio, el contenido promocional puede ser visto como una interrupción en la experiencia del usuario, lo que puede llevar a que algunos seguidores lo ignoren o, en el peor de los casos, a que se sientan desinteresados o incluso frustrados.

Finalmente, la combinación efectiva de contenido orgánico y promocional es clave para el éxito en TikTok. Los creadores deben aprender a equilibrar ambos tipos de contenido para mantener el interés de su audiencia mientras impulsan las ventas. Al integrar de manera sutil el contenido promocional dentro de su narrativa orgánica, pueden lograr una transición más suave y efectiva hacia la conversión. Así, no solo se construye una comunidad leal, sino que también se fomenta un entorno en el que las ventas pueden florecer de manera natural y efectiva.

Cómo presentar productos sin perder autenticidad

La autenticidad es un factor clave para los creadores de contenido en TikTok que buscan vender productos. En una plataforma donde la conexión emocional y la confianza son esenciales, presentar un producto de manera genuina es fundamental para mantener la lealtad de la audiencia. Para lograrlo, es importante que los creadores integren sus productos en su contenido de forma natural, evitando que la promoción se sienta forzada o artificial. Esto no solo ayudará a mantener la autenticidad, sino que también hará que la audiencia se sienta más receptiva a las recomendaciones.

Una estrategia efectiva es contar historias que involucren el producto. En lugar de simplemente mostrar el artículo y enumerar sus características, los creadores pueden compartir experiencias personales relacionadas con su uso. Esto puede ser una anécdota sobre cómo un determinado producto mejoró su vida diaria o cómo se integró en un momento especial. Al hacerlo, se establece una conexión emocional con los seguidores, quienes se sienten identificados y más inclinados a considerar la compra.

Además, es crucial que los creadores mantengan su estilo y tono personal al presentar productos. Cada creador tiene una voz única que ha resonado con su audiencia. Al incorporar un producto en su contenido, es recomendable hacerlo de manera que se alinee con su personalidad y el tipo de contenido que suelen crear. Esto puede incluir el uso de humor, creatividad o incluso temas relevantes para su nicho. La clave es que la promoción se sienta como una extensión natural de su contenido habitual.

La transparencia también juega un papel importante en la autenticidad. Los seguidores valoran la honestidad, por lo que es recomendable que los creadores sean claros sobre sus relaciones comerciales y menciones de productos. Compartir cuándo un producto ha sido proporcionado por una marca o cuándo se trata de una colaboración paga ayuda a construir confianza. Además, es beneficioso dar opiniones sinceras, incluso si son críticas. Esto mostrará a la audiencia que el creador realmente se preocupa por ofrecer recomendaciones valiosas.

Por último, es esencial que los creadores mantengan un equilibrio entre el contenido promocional y el contenido orgánico. Si bien es normal querer vender productos, la audiencia también quiere disfrutar de contenido entretenido y relevante. Alternar entre contenido que presente productos y publicaciones que no tengan un enfoque de venta ayudará a mantener el interés de los seguidores. Esto permitirá a los creadores seguir siendo vistos como auténticos y accesibles, lo que, a su vez, facilitará la conversión de seguidores en clientes.

Estrategias de venta sutiles

En el mundo del marketing digital, especialmente en plataformas como TikTok, la forma en que se presenta un producto puede marcar la diferencia entre una simple visualización y una conversión efectiva. Las estrategias de venta sutiles se centran en integrar la promoción de productos de manera orgánica en el contenido, evitando la típica publicidad intrusiva que puede alejar a los seguidores. Para los creadores de contenido en TikTok, esto implica desarrollar un enfoque que no solo resalte el producto, sino que también ofrezca valor a la audiencia, manteniendo su interés y fomentando una conexión genuina.

Una de las tácticas más efectivas es la narración de historias. Al contar una historia que incluya el uso del producto, los creadores pueden captar la atención de su audiencia y, al mismo tiempo, mostrar cómo el producto resuelve un problema o mejora una situación. Por ejemplo, un creador de contenido que se especializa en recetas puede mostrar cómo un utensilio de cocina específico facilita el proceso de cocción, haciendo que la audiencia vea el producto como una necesidad en lugar de un simple objeto a la venta. Esta técnica no solo entretiene, sino que también educa y persuade de manera sutil.

Otra estrategia útil es la incorporación de testimonios o reseñas de usuarios. Al compartir experiencias reales, los creadores pueden generar confianza y credibilidad en torno al producto. Esto puede hacerse a través de videos donde se muestre a los seguidores utilizando el producto y compartiendo sus opiniones. Este enfoque no solo humaniza la marca, sino que también fomenta un sentido de comunidad entre los seguidores, quienes pueden sentirse más inclinados a probar lo que otros ya han disfrutado.

El uso de desafíos y tendencias de TikTok también puede ser una excelente manera de vender de forma sutil. Al crear un desafío que involucre el producto, los creadores pueden incentivar a sus seguidores a participar y, al mismo tiempo, difundir el mensaje de la marca. Por ejemplo, si un creador lanza un reto de maquillaje utilizando ciertos productos, no solo aumenta la interacción, sino que también posiciona el producto de manera natural dentro de la conversación. Esto puede generar un efecto viral, extendiendo el alcance y la visibilidad del producto sin parecer una venta directa.

Finalmente, la consistencia es clave en la implementación de estas estrategias. Los creadores deben asegurarse de que su contenido siga siendo auténtico y alineado con su marca personal. Al ser coherentes en la forma en que presentan los productos, los seguidores aprenderán a confiar en sus recomendaciones y estarán más dispuestos a considerar la compra. La clave está en crear un equilibrio entre el entretenimiento y la promoción, de modo que cada publicación no solo venda, sino que también construya una relación duradera con la audiencia.

Capítulo 6: Técnicas de Conversión de Seguidores a Clientes

Llamadas a la acción efectivas

Las llamadas a la acción (CTA) son uno de los elementos más cruciales en cualquier estrategia de marketing, especialmente en plataformas dinámicas como TikTok. Para los creadores de contenido que desean convertir a sus seguidores en clientes, entender cómo diseñar y utilizar CTAs efectivas es fundamental. Estas acciones no solo guían a la audiencia hacia el siguiente paso, sino que también pueden marcar la diferencia entre una simple visualización y una conversión real. Al diseñar una CTA, es importante que esta sea clara, directa y alineada con el contenido presentado.

Una de las estrategias más efectivas es la personalización de las llamadas a la acción. Conocer a tu audiencia te permite adaptar el mensaje a sus intereses y necesidades. Por ejemplo, si tu contenido gira en torno a la belleza y el cuidado personal, una CTA que sugiera probar un producto específico que has mencionado puede resonar mucho más que una llamada genérica a "comprar ahora". Personalizar tus CTAs aumenta la probabilidad de que tus seguidores se sientan motivados a actuar, ya que sienten que la oferta está diseñada especialmente para ellos.

Además, el uso de la urgencia puede ser un factor decisivo en la efectividad de una llamada a la acción. Frases como "Oferta limitada" o "Solo por tiempo limitado" pueden crear un sentido de inmediatez que impulse a los seguidores a tomar decisiones rápidas. En TikTok, donde la atención de los usuarios puede ser efímera, establecer esta urgencia puede ser la clave para que tus seguidores actúen de inmediato. Sin embargo, es esencial que esta urgencia sea genuina y que las ofertas realmente tengan un límite, para mantener la confianza de tu audiencia.

El formato también juega un papel importante en cómo se perciben las llamadas a la acción. Utilizar elementos visuales atractivos y dinámicos que se integren bien con el estilo de tu contenido puede captar la atención de los usuarios. Por ejemplo, un texto destacado que aparezca en pantalla durante un momento clave del video puede ser mucho más efectivo que una simple mención verbal. Además, animaciones o efectos que resalten la CTA pueden hacer que el mensaje se quede grabado en la mente de tus seguidores, aumentando las posibilidades de que sigan tu recomendación.

Finalmente, es fundamental medir el impacto de tus llamadas a la acción. TikTok ofrece herramientas analíticas que permiten a los creadores de contenido evaluar qué tan efectivas han sido sus CTAs. Analizar métricas como la tasa de clics o la conversión te permitirá ajustar tu estrategia y mejorar continuamente tus enfoques. Experimentar con diferentes estilos, formatos y mensajes de llamada a la acción te ayudará a identificar qué resuena mejor con tu audiencia, optimizando así tus esfuerzos de venta en esta plataforma.

Creación de urgencia y escasez

La creación de urgencia y escasez es una técnica fundamental en el marketing, especialmente en plataformas dinámicas como TikTok. Esta estrategia se basa en la psicología del consumidor, donde la percepción de que un producto es limitado o que una oferta es temporal puede impulsar a los seguidores a tomar decisiones de compra rápidas. Para los creadores de contenido en TikTok que desean convertir a sus seguidores en clientes, implementar estas tácticas puede ser la clave para aumentar las ventas de sus productos.

Uno de los métodos más efectivos para crear urgencia es establecer un tiempo limitado para una oferta. Por ejemplo, puedes anunciar un descuento especial que solo esté disponible por 24 horas. Esta táctica no solo anima a los seguidores a actuar rápidamente, sino que también les hace sentir que están obteniendo una oportunidad exclusiva. Utilizar temporizadores en tus videos o publicaciones puede ser una manera visual de reforzar esta urgencia y recordarles a tus seguidores que el tiempo se está agotando.

La escasez, por otro lado, se refiere a la percepción de que un producto es limitado en cantidad. Si estás vendiendo un artículo que solo tiene un número restringido de unidades disponibles, mencionarlo en tus videos puede aumentar su atractivo. Puedes utilizar frases como "solo quedan 5 unidades" o "última oportunidad" para motivar a los seguidores a actuar antes de que se agote. Además, compartir testimonios de clientes que ya han adquirido el producto puede aumentar la credibilidad y generar un sentido de comunidad en torno a tu oferta.

Otra forma de implementar la urgencia y la escasez en TikTok es a través de lanzamientos de productos exclusivos. Anunciar que un nuevo producto estará disponible solo por un tiempo limitado o que se lanzará en una fecha específica puede crear expectativa y emoción. Utiliza tus historias y publicaciones para contar una historia sobre el producto, enfatizando por qué es especial y por qué los seguidores no querrán perdérselo. Esta técnica también permite que tus seguidores se sientan parte de algo exclusivo, lo que puede fortalecer su lealtad hacia tu marca.

Finalmente, es importante recordar que la creación de urgencia y escasez debe ser auténtica y honesta. Los consumidores son cada vez más conscientes de las tácticas de marketing y pueden sentirse decepcionados si perciben que están siendo manipulados. Utiliza esta estrategia de manera ética, asegurándote de que tu oferta sea genuina. Al hacerlo, no solo impulsas las ventas, sino que también construyes una relación de confianza con tus seguidores, lo que es esencial para el crecimiento a largo plazo de tu negocio en TikTok.

Uso de testimonios y reseñas

En el mundo del marketing digital, especialmente en plataformas como TikTok, el uso de testimonios y reseñas se ha convertido en una estrategia clave para convertir seguidores en clientes. Los testimonios son declaraciones de usuarios satisfechos que respaldan la calidad y efectividad de un producto, mientras que las reseñas son evaluaciones más detalladas que pueden influir en la decisión de compra de otros usuarios. Para los creadores de contenido, utilizar estas herramientas puede resultar en un aumento significativo en las ventas y en la fidelización de la audiencia.

Una de las principales ventajas de los testimonios es su capacidad para generar confianza. Los consumidores, especialmente los jóvenes que predominan en TikTok, tienden a confiar más en las opiniones de sus pares que en la publicidad tradicional. Al compartir experiencias positivas de clientes anteriores, los creadores pueden demostrar que su producto ha tenido un impacto real en la vida de otros, lo que puede motivar a nuevos clientes a realizar una compra. Además, los testimonios pueden ser presentados de manera creativa en videos, lo que los hace más atractivos y entretenidos para la audiencia.

Las reseñas, por otro lado, permiten un análisis más profundo del producto. Los creadores de contenido pueden invitar a sus seguidores a dejar reseñas en sus perfiles o en plataformas externas, lo que no solo ayuda a construir una reputación sólida, sino que también proporciona contenido adicional para futuras publicaciones. Al mostrar reseñas detalladas, los creadores pueden abordar preguntas o preocupaciones comunes que los posibles compradores podrían tener, lo que facilita la toma de decisiones y disminuye la incertidumbre en el proceso de compra.

Es fundamental, sin embargo, que los testimonios y reseñas sean auténticos. Los usuarios pueden detectar fácilmente cuando una opinión es falsa o manipulada, lo que puede dañar la credibilidad del creador y su producto. Por lo tanto, es recomendable fomentar la sinceridad y la transparencia al solicitar testimonios y reseñas. Los creadores pueden ofrecer incentivos, como descuentos o productos gratuitos, a cambio de reseñas honestas, asegurándose de que se reflejen las experiencias reales de los usuarios.

Finalmente, la integración de testimonios y reseñas en la estrategia de contenido de TikTok debe ser constante y bien planificada. Los creadores deben encontrar un equilibrio entre promocionar su producto y compartir contenido valioso y entretenido. Al hacerlo, no solo estarán construyendo una comunidad leal, sino que también estarán estableciendo una marca sólida que puede traducirse en ventas efectivas. En resumen, el uso de testimonios y reseñas es una herramienta poderosa para cualquier creador de contenido que busque convertir su influencia en ventas tangibles.

Capítulo 7: Herramientas y Recursos para Creadores

Plataformas de gestión de contenido

En el contexto actual de marketing digital, las plataformas de gestión de contenido (CMS, por sus siglas en inglés) se han convertido en herramientas indispensables para los creadores de contenido en TikTok que desean maximizar su presencia y efectividad. Estas plataformas permiten organizar, programar y analizar publicaciones, facilitando el proceso de creación y distribución de contenido. Para los creadores que buscan transformar seguidores en clientes, un CMS puede ser la clave para optimizar su estrategia y alcanzar sus objetivos comerciales.

Una de las principales ventajas de utilizar una plataforma de gestión de contenido es la capacidad de planificar el contenido con antelación. Esto no solo ayuda a mantener una consistencia en la publicación, sino que también permite a los creadores de contenido adaptar sus mensajes a eventos relevantes, tendencias o campañas específicas. Al tener un calendario editorial, se pueden identificar las oportunidades para promocionar productos de manera más efectiva, alineando el contenido con las necesidades y deseos de la audiencia.

Además, muchas plataformas de gestión de contenido ofrecen herramientas de análisis que permiten a los creadores evaluar el rendimiento de sus publicaciones.

Estas métricas son cruciales para entender qué tipo de contenido resuena más con la audiencia y, por ende, qué estrategias de venta son más efectivas. Al analizar datos como el número de vistas, interacciones y conversiones, los creadores pueden ajustar su enfoque y mejorar continuamente su contenido, lo que se traduce en un aumento en la tasa de conversión de seguidores a clientes.

La integración de funciones de automatización en estas plataformas también resulta beneficiosa. Los creadores pueden programar publicaciones en momentos estratégicos para alcanzar a su audiencia cuando están más activos, lo que incrementa las posibilidades de interacción. Además, algunas plataformas permiten la gestión de múltiples cuentas en redes sociales, lo que ahorra tiempo y esfuerzo; esto es especialmente útil para aquellos creadores que desean diversificar su presencia en línea más allá de TikTok.

Por último, es importante considerar la comunidad que se forma alrededor de estas plataformas de gestión de contenido. Muchas de ellas ofrecen foros y recursos educativos donde los creadores pueden compartir experiencias y consejos, lo que fomenta un ambiente de aprendizaje colaborativo. Esta interacción no solo enriquece el proceso de creación de contenido, sino que también puede abrir puertas a nuevas oportunidades de colaboración y crecimiento. En resumen, al elegir la plataforma adecuada, los creadores de contenido en TikTok pueden no solo gestionar mejor su trabajo, sino también transformar sus seguidores en clientes leales.

Análisis de métricas y rendimiento

El análisis de métricas y rendimiento en TikTok es crucial para cualquier creador de contenido que busque convertir sus seguidores en clientes. A diferencia de otras plataformas, TikTok ofrece una variedad de herramientas analíticas que permiten a los creadores entender mejor el comportamiento de su audiencia. Estas métricas no solo indican cuántas personas han visto un video, sino que también proporcionan información valiosa sobre la interacción, el tiempo de visualización y la demografía de los seguidores. Comprender estas cifras es el primer paso para optimizar el contenido y aumentar las oportunidades de venta.

Una de las métricas más importantes a considerar es el "tiempo de visualización". Este indicador muestra cuánto tiempo pasan los espectadores viendo un video. Un tiempo de visualización alto sugiere que el contenido es atractivo y relevante para la audiencia, lo que aumenta las posibilidades de que los seguidores se interesen en los productos que se promocionan. Por lo tanto, los creadores deben centrarse en crear contenido que no solo sea entretenido, sino que también mantenga la atención del espectador durante más tiempo. Experimentar con diferentes formatos y estilos puede ayudar a encontrar la mejor manera de enganchar a la audiencia.

Otra métrica esencial es la tasa de participación, que incluye "me gusta", comentarios y compartidos. Una alta tasa de participación indica que el contenido genera conversación y conexión emocional con los seguidores. Para los creadores que desean vender productos, fomentar esta interacción es fundamental. Responder a comentarios y crear encuestas o preguntas en los videos puede estimular la participación y fomentar una comunidad leal. A medida que se construye esta comunidad, las posibilidades de conversión en ventas también aumentan, ya que los seguidores se sienten más conectados y propensos a confiar en las recomendaciones del creador.

Las estadísticas demográficas también juegan un papel crucial en el análisis de rendimiento. Conocer la edad, género y ubicación de los seguidores permite adaptar el contenido y las estrategias de marketing a las características específicas de la audiencia. Por ejemplo, si la mayoría de los seguidores son adolescentes, el creador puede optar por promocionar productos que sean populares entre ese grupo etario. De esta manera, el contenido no solo se vuelve relevante, sino que también se alinea con los intereses y necesidades de la audiencia, lo que puede traducirse en un aumento de las ventas.

Por último, es fundamental realizar un seguimiento continuo de estas métricas y ajustar las estrategias según sea necesario. TikTok es una plataforma dinámica, y lo que funciona hoy puede no ser efectivo mañana. Los creadores deben estar preparados para analizar sus resultados regularmente y hacer cambios en su contenido y enfoque de ventas. La adaptabilidad y la disposición a experimentar son clave para maximizar el rendimiento y transformar seguidores en clientes leales. Con un enfoque metódico en el análisis de métricas, los creadores de contenido pueden construir una base sólida para el éxito en el comercio electrónico a través de TikTok.

Recursos de diseño y edición de video

En el mundo del contenido digital, la calidad de la producción puede marcar la diferencia entre captar la atención de tu audiencia o perderla por completo. Por ello, en esta sección abordaremos los recursos de diseño y edición de video que pueden potenciar tu presencia en TikTok. Para los creadores de contenido que buscan vender productos, contar con herramientas efectivas no solo mejora la estética de los videos, sino que también ayuda a transmitir el mensaje de manera clara y atractiva.

Una de las herramientas más accesibles es Canva, que ofrece opciones para crear gráficos y pequeños clips animados de manera sencilla. Su interfaz intuitiva permite a los creadores diseñar miniaturas, carteles y otros elementos visuales que se pueden integrar en los videos. Además, Canva cuenta con una amplia biblioteca de plantillas que pueden adaptarse a las tendencias actuales de TikTok, facilitando así la creación de contenido que resuene con tu público objetivo.

Para la edición de video, aplicaciones como InShot y CapCut se han vuelto extremadamente populares entre los creadores de TikTok. InShot permite cortar y ajustar videos con facilidad, además de ofrecer una variedad de filtros y efectos que pueden mejorar la presentación del producto. CapCut, por otro lado, es conocido por sus potentes herramientas de edición que incluyen transiciones suaves y la posibilidad de agregar texto y música de fondo, lo que resulta en videos más dinámicos y atractivos.

Además de estas herramientas, es fundamental considerar el uso de recursos de sonido y música. TikTok ofrece una extensa biblioteca de sonidos y clips musicales que son tendencia, lo que puede aumentar la visibilidad de tus videos. Incorporar música adecuada no solo puede hacer que tu contenido sea más entretenido, sino que también puede ayudar a conectar emocionalmente con tu audiencia, lo cual es crucial para impulsar las ventas de productos.

Finalmente, no debemos olvidar la importancia de la formación continua. Plataformas como YouTube ofrecen tutoriales sobre edición de video y diseño gráfico que pueden ser de gran ayuda. Aprender a utilizar herramientas avanzadas y mantenerse al día con las tendencias de diseño es esencial para cualquier creador que desee destacar en TikTok. Invertir tiempo en mejorar tus habilidades puede traducirse directamente en una mayor conexión con tus seguidores y, en consecuencia, en un aumento en las ventas de los productos que ofreces.

Capítulo 8: Casos de Éxito en TikTok

Historias inspiradoras de creadores que han vendido

El auge de TikTok ha transformado la manera en que los creadores de contenido pueden monetizar su talento y creatividad. A través de esta plataforma, muchos han encontrado no solo una audiencia amplia, sino también la oportunidad de convertir esa popularidad en ventas. Historias como la de Andrea, una joven diseñadora de moda, ilustran perfectamente este fenómeno. Comenzó subiendo videos de sus creaciones y, gracias a su autenticidad y estilo único, logró captar la atención de miles de seguidores. En solo unos meses, su cuenta pasó de ser un simple pasatiempo a una fuente de ingresos significativa, ya que sus seguidores comenzaron a adquirir sus productos directamente a través de enlaces en su perfil.

Otro caso notable es el de Carlos, un apasionado del fitness que decidió compartir su rutina de ejercicios y consejos saludables en TikTok. Su enfoque genuino y su habilidad para conectar con su audiencia lo llevaron a construir una comunidad sólida. A medida que creció su base de seguidores, Carlos lanzó una línea de suplementos nutricionales que reflejaban sus valores y recomendaciones. La respuesta fue abrumadora; sus seguidores no solo confiaban en su conocimiento, sino que se sentían motivados por su historia personal de transformación. Este tipo de conexión emocional es clave para convertir seguidores en clientes.

La historia de Valentina, una artista plástica, también merece ser destacada. Valentina comenzó a compartir videos donde mostraba su proceso creativo, desde la elección de los materiales hasta el resultado final de sus obras. Al ver el interés de su audiencia, decidió abrir una tienda en línea donde vendía reproducciones de sus obras y kits de arte. Su estrategia de mostrar el detrás de escenas de su trabajo no solo aumentó su visibilidad, sino que también fomentó un sentido de comunidad entre sus seguidores. Este enfoque les permitió sentirse parte de su proceso artístico, lo que facilitó la conversión de seguidores en compradores.

Un ejemplo adicional es el de Javier, un chef que aprovechó TikTok para compartir recetas rápidas y consejos de cocina. Su carisma y habilidades culinarias le valieron una gran base de seguidores. Al darse cuenta del potencial de su contenido, lanzó un libro de recetas que se convirtió en un best-seller. Javier utilizó su plataforma para promocionar su libro de manera orgánica, creando contenido relacionado que mantenía a su audiencia comprometida. Esta estrategia mostró cómo los creadores pueden diversificar sus ingresos al combinar contenido gratuito y productos pagados.

Estas historias de éxito demuestran que, con la estrategia adecuada y un enfoque auténtico, es posible que los creadores de contenido en TikTok no solo entretengan, sino que también generen ingresos significativos. La clave está en construir relaciones genuinas con la audiencia y ofrecer productos que resuenen con sus intereses y necesidades. Al aprender de estos ejemplos inspiradores, otros creadores pueden encontrar su propio camino hacia la monetización en esta plataforma dinámica.

Análisis de estrategias exitosas

En el vertiginoso mundo de TikTok, la clave para convertir seguidores en clientes radica en la implementación de estrategias bien definidas. A lo largo de este subcapítulo, analizaremos algunas de las tácticas más efectivas que han utilizado creadores de contenido para maximizar sus ventas. Estas estrategias no solo se centran en la calidad del contenido, sino también en cómo interactuar con la audiencia y construir una relación de confianza que facilite la conversión.

Una de las estrategias más exitosas es la creación de contenido auténtico y relatable. Los usuarios de TikTok valoran la autenticidad y se sienten más atraídos por aquellos creadores que muestran su vida real y sus experiencias. Al compartir historias personales o detrás de cámaras, los creadores pueden conectar emocionalmente con su audiencia. Este tipo de conexión es fundamental para fomentar la lealtad y, en última instancia, impulsar las ventas. La autenticidad se convierte en un puente que transforma a los seguidores en clientes, ya que estos se sienten identificados y confiados en la persona detrás del producto.

Otra estrategia clave es la utilización de promociones limitadas y descuentos exclusivos para los seguidores de TikTok. Esta táctica no solo genera un sentido de urgencia, sino que también recompensa a la comunidad por su apoyo. Los creadores pueden utilizar videos cortos para anunciar estas ofertas, lo que a su vez genera interacción y conversación en los comentarios. Al fomentar un sentido de exclusividad, los creadores aumentan las probabilidades de que los seguidores actúen rápidamente y realicen una compra, convirtiendo el interés en acción.

Además, el uso de contenido colaborativo es una técnica que ha demostrado ser efectiva. Al asociarse con otros creadores de contenido, se puede alcanzar una audiencia más amplia y diversificada. Las colaboraciones permiten a los creadores intercambiar seguidores y brindar diferentes perspectivas sobre un producto o servicio. Este enfoque no solo amplía el alcance, sino que también añade credibilidad, ya que los seguidores suelen confiar en las recomendaciones de otros creadores que conocen y aprecian. La colaboración, por lo tanto, se convierte en una herramienta poderosa para fomentar la confianza y motivar la compra.

Finalmente, es esencial analizar y ajustar continuamente las estrategias implementadas. TikTok es una plataforma en constante evolución, por lo que lo que funciona hoy puede no ser tan efectivo mañana. Utilizar herramientas de análisis para rastrear el rendimiento del contenido y las interacciones de la audiencia permite a los creadores adaptarse a las tendencias emergentes y ajustar su enfoque según sea necesario. La flexibilidad y la disposición para experimentar son fundamentales para mantener la relevancia y maximizar las oportunidades de conversión a lo largo del tiempo.

Lecciones aprendidas

El ámbito de TikTok ha revolucionado la forma en que los creadores de contenido se conectan con sus audiencias y, más importante aún, cómo convierten esa conexión en ventas. A lo largo de este viaje, se han identificado diversas lecciones que resultan esenciales para aquellos que desean transformar seguidores en clientes. Estas enseñanzas no solo se basan en teorías, sino en experiencias reales de creadores que han navegado con éxito por esta plataforma dinámica.

Una de las principales lecciones aprendidas es la importancia de la autenticidad. Los usuarios de TikTok valoran la sinceridad y la conexión genuina. Los creadores que comparten su historia personal, sus desafíos y triunfos son los que logran resonar más profundamente con sus seguidores. Al mostrar vulnerabilidad y autenticidad, se establece una relación de confianza que puede facilitar la conversión a la venta. Esta conexión emocional es clave para influir en las decisiones de compra de los seguidores.

Otra lección crucial es la relevancia del contenido visualmente atractivo. TikTok es una plataforma centrada en el video, por lo que la calidad visual de los contenidos es fundamental. Los creadores deben invertir tiempo en aprender sobre iluminación, edición y técnicas de filmación que realcen sus productos. Un video bien producido no solo capta la atención, sino que también refleja profesionalismo, lo que puede aumentar la percepción del valor de lo que se ofrece. La presentación visual es, sin duda, un factor que puede influir en la decisión de compra.

Además, la interacción constante con la audiencia es una práctica que debe ser priorizada. Responder a comentarios, hacer preguntas y fomentar la participación son estrategias que no solo fortalecen la comunidad, sino que también aumentan la visibilidad del contenido. TikTok premia el contenido que genera interacción, lo que significa que los creadores que se involucran activamente con sus seguidores tienen más probabilidades de ser destacados en la plataforma. Esta visibilidad adicional puede traducirse en más oportunidades de venta.

Por último, es fundamental medir y analizar el rendimiento de cada publicación. Utilizar las herramientas de analíticas que ofrece TikTok permite a los creadores entender qué tipos de contenido funcionan mejor y cuáles no generan el impacto esperado. Esta información es invaluable, ya que permite ajustar las estrategias y enfoques, mejorando así la eficacia en la conversión de seguidores en clientes. La capacidad de adaptarse y evolucionar con el feedback de la audiencia es lo que distingue a los creadores exitosos de aquellos que luchan por mantener la relevancia en una plataforma en constante cambio.

Capítulo 9: Desafíos y Soluciones en la Venta a través de TikTok

Manejo de críticas y comentarios negativos

En el mundo de TikTok, donde la interacción con la audiencia es constante y en tiempo real, es inevitable enfrentarse a críticas y comentarios negativos. Para los creadores de contenido que buscan convertir a sus seguidores en clientes, este tipo de retroalimentación puede ser un desafío significativo. Sin embargo, es crucial entender que las críticas, cuando se gestionan adecuadamente, pueden ser una oportunidad para mejorar y fortalecer la relación con tu comunidad. Aprender a manejar estos comentarios es esencial para mantener una imagen positiva y construir una marca sólida.

Primero, es importante adoptar una mentalidad abierta hacia las críticas. Al recibir comentarios negativos, es fundamental evitar una reacción emocional inmediata. Tómate un momento para analizar la crítica y determinar si hay alguna verdad en ella. En muchos casos, estos comentarios pueden ofrecerte una perspectiva valiosa sobre cómo perciben tu contenido y tu producto. Aceptar que no todos estarán de acuerdo contigo es parte del proceso de crecimiento como creador y empresario. Esta actitud te permitirá aprender y adaptarte, en lugar de cerrarte a las opiniones de los demás.

Una estrategia efectiva para manejar las críticas es responder de manera constructiva. Si un comentario negativo tiene fundamento, reconoce la crítica y ofrece una solución o una aclaración. Esto no solo muestra que valoras la opinión de tus seguidores, sino que también refuerza tu credibilidad como creador. Por otro lado, si los comentarios son malintencionados o simplemente destructivos, es recomendable no entrar en confrontaciones. En su lugar, puedes optar por ignorarlos o, si es necesario, bloquear o reportar a esos usuarios. Mantener la calma y la profesionalidad es clave para preservar tu reputación.

Además, considera la posibilidad de transformar las críticas en contenido. Puedes crear videos donde aborden las inquietudes comunes de tus seguidores o donde respondas a las críticas de manera humorística. Este enfoque no solo demuestra tu capacidad para manejar la adversidad, sino que también permite a tu audiencia sentirse escuchada y valorada. Al convertir una situación negativa en una oportunidad para el contenido, refuerzas la lealtad de tus seguidores y, al mismo tiempo, atraes a nuevos clientes potenciales.

Por último, es fundamental recordar que la resiliencia es una habilidad esencial para cualquier creador de contenido. A medida que tu cuenta crece y tu marca se consolida en TikTok, es probable que enfrentes una mayor cantidad de críticas. Desarrollar una piel más gruesa y aprender a manejar las opiniones negativas te ayudará a mantener la motivación y el enfoque en tus objetivos comerciales. Al final del día, lo más importante es seguir creando contenido auténtico y valioso que resuene con tu audiencia, convirtiendo así cada crítica en una oportunidad de crecimiento y conexión.

Cambios en las políticas de TikTok

En los últimos años, TikTok ha experimentado cambios significativos en sus políticas, afectando directamente la forma en que los creadores de contenido pueden interactuar con su audiencia y monetizar sus esfuerzos. Estos cambios surgen en un contexto donde la plataforma busca equilibrar la creatividad de sus usuarios con la necesidad de cumplir con normativas legales y expectativas sociales. Para los creadores que buscan vender productos a través de sus cuentas, es crucial entender cómo estas modificaciones pueden influir en sus estrategias de marketing y en la relación con sus seguidores.

Uno de los cambios más relevantes ha sido la implementación de políticas más estrictas en cuanto a la publicidad y el contenido patrocinado. TikTok ha establecido directrices claras para asegurar que los usuarios etiqueten adecuadamente el contenido promocional, lo que no solo mejora la transparencia, sino que también protege a los consumidores de prácticas engañosas. Para los creadores de contenido, esto significa que deben ser más cuidadosos al presentar productos y asegurarse de que sus publicaciones cumplan con estas normativas, lo que a su vez puede aumentar la confianza de sus seguidores en las recomendaciones que ofrecen.

Además, TikTok ha fortalecido sus esfuerzos para combatir la desinformación y el contenido dañino. Esto ha llevado a la creación de herramientas que permiten a los usuarios reportar contenido inapropiado de manera más eficiente. Para los creadores, esto representa una oportunidad y un desafío: mientras que pueden beneficiarse de un entorno más seguro y confiable para sus seguidores, también deben estar atentos a las políticas de contenido que pueden afectar la visibilidad de sus publicaciones. La necesidad de crear contenido auténtico y responsable se vuelve más crucial en este nuevo marco.

Otro cambio significativo es la ampliación de las opciones de monetización disponibles para los creadores. TikTok ha introducido programas que permiten a los creadores obtener ingresos a través de diversas vías, como donaciones de seguidores, colaboraciones con marcas y la creación de contenido exclusivo. Estos programas no solo incentivarán a los creadores a producir contenido de calidad, sino que también ofrecen nuevas oportunidades para que integren sus productos en la narrativa de sus publicaciones. Entender cómo funcionan estas opciones permitirá a los creadores maximizar sus ingresos y potenciar sus estrategias de venta.

Por último, la evolución de las políticas de TikTok también implica la adaptación a un público cada vez más diverso y globalizado. Los creadores deben estar dispuestos a ajustar sus enfoques para conectar con diferentes segmentos de audiencia, lo que incluye considerar las diferencias culturales y las preferencias de los consumidores. Esto no solo enriquecerá su contenido, sino que también les permitirá posicionar mejor sus productos en un mercado competitivo. En este contexto, los creadores de contenido deben permanecer informados sobre las tendencias y cambios en las políticas de la plataforma para aprovechar al máximo las oportunidades que surgen en el camino hacia la transformación de seguidores en clientes.

Adaptación a las tendencias cambiantes

El entorno digital, y en particular TikTok, se caracteriza por su naturaleza dinámica y en constante evolución. Para los creadores de contenido que desean transformar sus seguidores en clientes, es fundamental mantenerse al tanto de las tendencias emergentes y adaptarse a ellas. Este proceso de adaptación no solo implica estar conscientes de las novedades en la plataforma, sino también entender cómo estas tendencias pueden influir en el comportamiento de compra de su audiencia. La capacidad de reaccionar rápidamente a los cambios puede ser la clave para captar la atención de los usuarios y fomentar la conversión de seguidores en clientes.

Una de las estrategias más efectivas para adaptarse a las tendencias cambiantes es la observación constante del contenido que genera mayor interacción y engagement. TikTok permite a los creadores analizar qué tipos de videos tienen un rendimiento superior, ya sea a través de reacciones, comentarios o compartidos. Esta información puede ser invaluable para ajustar el enfoque y generar contenido que resuene con el público. Además, incorporando elementos de tendencia, como desafíos virales o sonidos populares, se puede aumentar la visibilidad del contenido y, por ende, las oportunidades de venta.

La creatividad juega un papel crucial en la adaptación a las tendencias. Los creadores de contenido deben ser capaces de reinterpretar las tendencias de manera que se alineen con su propia marca y productos. Esto no solo ayuda a diferenciarse en un mercado saturado, sino que también permite a los seguidores ver la autenticidad del creador. Al personalizar las tendencias, se crea una conexión más profunda con la audiencia, lo que puede llevar a un mayor interés en los productos que se están promoviendo. La autenticidad es un valor fundamental en TikTok, y ser genuino puede traducirse en una mayor lealtad de los seguidores.

Además, la interacción con la comunidad es clave para mantenerse al día con las tendencias. Los creadores deben fomentar un diálogo con sus seguidores, animándolos a compartir sus opiniones sobre qué tipo de contenido les gustaría ver o qué productos les interesan. Esta retroalimentación no solo proporciona ideas frescas, sino que también ayuda a construir una comunidad sólida en torno a la marca. Al involucrar a la audiencia en el proceso creativo, se logra un sentido de pertenencia que puede motivar a los seguidores a convertirse en clientes leales.

Finalmente, es esencial evaluar y ajustar continuamente las estrategias basadas en el rendimiento de las campañas. Utilizar herramientas de análisis permite a los creadores medir el impacto de sus adaptaciones a las tendencias y realizar ajustes en tiempo real. La flexibilidad es clave; lo que funcionó ayer puede no ser efectivo mañana. Al estar dispuestos a experimentar y aprender de cada experiencia, los creadores de contenido pueden optimizar su enfoque y maximizar su potencial de ventas en TikTok. Adaptarse a las tendencias cambiantes no es solo una opción, sino una necesidad para aquellos que buscan convertir su pasión en un negocio exitoso.

contar una historia visual sobre sus productos, lo que resulta en un enfoque más atractivo y persuasivo.

Además de TikTok Shopping, la plataforma ha implementado herramientas de análisis más avanzadas para ayudar a los creadores a entender mejor a su audiencia. A través de métricas detalladas, los creadores pueden identificar qué tipo de contenido genera más interacción y qué productos tienen mayor aceptación. Esta información es invaluable para ajustar las estrategias de contenido y marketing. Con un análisis adecuado, los creadores pueden crear contenido más dirigido y relevante, lo que se traduce en un aumento en la tasa de conversión y, por ende, en sus ventas.

Otra funcionalidad reciente es el "TikTok Live", que permite a los creadores interactuar en tiempo real con su audiencia. Durante las transmisiones en vivo, los creadores pueden presentar productos, responder preguntas y ofrecer demostraciones, lo que genera un sentido de urgencia y conexión directa con los seguidores. Esta herramienta no solo fomenta la interacción, sino que también puede ser un poderoso motor de ventas. Los creadores pueden utilizar el "Live Shopping", donde los seguidores pueden comprar productos directamente durante la transmisión, creando una experiencia de compra dinámica y emocionante.

Finalmente, TikTok ha comenzado a colaborar con diversas plataformas de e-commerce, lo que permite a los creadores conectar sus tiendas en línea con la aplicación. Esta funcionalidad amplía las posibilidades de venta, ya encontrar su nicho ideal para vender productos. En este entorno dinámico, aquellos que se mantengan informados y flexibles podrán aprovechar al máximo las oportunidades que ofrece TikTok en su camino hacia la monetización.

Nuevas funcionalidades y herramientas para creadores

En los últimos años, TikTok ha evolucionado constantemente, introduciendo nuevas funcionalidades y herramientas diseñadas específicamente para los creadores de contenido. Estas innovaciones no solo facilitan la creación de contenido atractivo, sino que también abren nuevas vías para monetizar la audiencia. Para los creadores que buscan vender productos a través de la plataforma, estas herramientas son esenciales para transformar seguidores en clientes. En este subcapítulo, exploraremos algunas de las funcionalidades más recientes que pueden ayudar a los creadores a optimizar su estrategia de ventas.

Una de las adiciones más significativas es la función de "TikTok Shopping", que permite a los creadores integrar su catálogo de productos directamente en sus perfiles. Esta herramienta facilita la experiencia de compra al permitir que los seguidores naveguen y compren productos sin salir de la aplicación. Al utilizar TikTok Shopping, los creadores pueden etiquetar productos en sus videos, lo que convierte cada publicación en una oportunidad de venta. Esta integración no solo mejora la conversión, sino que también permite a los creadores

Además, se anticipa que TikTok seguirá evolucionando en su funcionalidad, incorporando nuevas herramientas que facilitarán la venta directa de productos a través de la plataforma. Esto incluye opciones de compra dentro de la aplicación y mejoras en la integración con plataformas de comercio electrónico. Los creadores de contenido que se adapten a estas nuevas características estarán en una posición ventajosa para capitalizar el creciente interés en el contenido de compra. La capacidad de ofrecer experiencias de compra fluidas y atractivas será crucial para convertir a los seguidores en clientes.

Otra tendencia que se espera ver en el futuro de TikTok es el aumento de la colaboración entre creadores y marcas. Las marcas están cada vez más dispuestas a invertir en campañas de marketing de influencers, y TikTok se está posicionando como un canal esencial para estas estrategias. Los creadores que puedan forjar relaciones auténticas y efectivas con las marcas no solo incrementarán su visibilidad, sino que también podrán acceder a oportunidades de ingresos significativas. La autenticidad y la conexión emocional con la audiencia serán factores determinantes en este tipo de colaboraciones.

Finalmente, el crecimiento de TikTok no solo se medirá en términos de usuarios, sino también en la evolución de la comunidad de creadores y su impacto en la cultura digital. A medida que más personas se conviertan en creadores de contenido, se enriquecerá la diversidad de voces y estilos presentes en la plataforma. Esta variedad no solo atraerá a diferentes segmentos de audiencia, sino que también permitirá a los creadores experimentar y

Capítulo 10: Futuro de TikTok y el Comercio Electrónico

Predicciones sobre el crecimiento de TikTok

El crecimiento de TikTok en los últimos años ha sido exponencial, convirtiéndose en una de las plataformas de redes sociales más influyentes a nivel mundial. Según diversas investigaciones, se espera que esta tendencia continúe en el futuro cercano. Con un enfoque en la creación de contenido breve y atractivo, TikTok ha capturado la atención de millones de usuarios, lo que lo convierte en un espacio primordial para los creadores de contenido que buscan no solo entretener, sino también monetizar su audiencia. Las proyecciones apuntan a que TikTok seguirá expandiendo su base de usuarios, lo que representará una oportunidad aún mayor para aquellos que desean vender productos a través de la plataforma.

Uno de los factores clave en el crecimiento de TikTok es su algoritmo de recomendación, que permite que el contenido se viralice rápidamente, incluso si el creador tiene pocos seguidores. Esta característica facilita que los nuevos creadores puedan destacarse y atraer a una audiencia considerable en poco tiempo. A medida que más personas se suman a la plataforma, es previsible que el interés de las marcas y empresas por asociarse con creadores de contenido también aumente. Esta dinámica beneficiará a aquellos que sepan cómo utilizar su creatividad para presentar productos de manera efectiva y genuina a sus seguidores.

que los creadores pueden dirigir tráfico directamente a sus sitios web y maximizar su alcance. Con una combinación de contenido atractivo y herramientas de venta integradas, los creadores tienen más que nunca la oportunidad de convertir su pasión en un negocio rentable. Al aprovechar estas nuevas funcionalidades, los creadores de contenido en TikTok pueden no solo aumentar su base de seguidores, sino también transformar esa audiencia en clientes leales.

Cómo prepararse para el futuro del marketing en TikTok

El marketing en TikTok ha evolucionado rápidamente y sigue cambiando a medida que la plataforma crece y se diversifica. Para los creadores de contenido que buscan monetizar su presencia en TikTok, es esencial anticiparse a las tendencias y adaptarse a las nuevas dinámicas del mercado. Un enfoque proactivo permitirá no solo mantener la relevancia, sino también maximizar las oportunidades de conversión. En este sentido, la educación continua y el análisis de datos son dos pilares fundamentales para prepararse para el futuro del marketing en TikTok.

Una de las claves para el éxito en TikTok es entender la naturaleza efímera y viral de su contenido. Los algoritmos de la plataforma priorizan el contenido fresco y atractivo, lo que significa que los creadores deben estar en sintonía con las tendencias actuales. Seguir a influenciadores, participar en desafíos y experimentar con diferentes formatos de contenido son estrategias efectivas. Además, conocer las preferencias de la audiencia y sus hábitos de consumo permitirá a los creadores ajustar su enfoque para captar mejor la atención de potenciales clientes.

Otra estrategia crucial es la diversificación de los formatos de contenido. TikTok no solo permite videos cortos, sino que también ofrece opciones como transmisiones en vivo, colaboraciones y el uso de TikTok Shopping. Integrar estas herramientas en la estrategia de marketing puede abrir nuevas vías para interactuar con los seguidores y facilitar la venta de productos. Por ejemplo, las transmisiones en vivo pueden ser una excelente oportunidad para mostrar productos en tiempo real y responder preguntas, creando así un vínculo más fuerte con la audiencia.

La analítica juega un papel fundamental en la preparación para el futuro del marketing en TikTok. Los creadores deben familiarizarse con las métricas que la plataforma ofrece, tales como el alcance, la tasa de interacción y las conversiones. Estos datos no solo ayudarán a entender qué tipo de contenido resuena mejor con la audiencia, sino que también permitirán ajustar las estrategias de marketing en función de lo que funciona y lo que no. Realizar un seguimiento constante del rendimiento de las campañas y ajustar las tácticas en consecuencia es esencial para maximizar los resultados.

Finalmente, la creación de una comunidad sólida es vital para el éxito a largo plazo en TikTok. Los creadores deben enfocarse en cultivar relaciones auténticas con sus seguidores, respondiendo a comentarios y creando un sentido de pertenencia. Una comunidad leal no solo está más inclinada a apoyar las iniciativas de venta, sino que también se convierte en un embajador de la marca, recomendando productos a su círculo social. En un entorno tan dinámico como TikTok, construir una relación auténtica con los seguidores es una estrategia que asegurará el crecimiento y la sostenibilidad en el tiempo.

Capítulo 11: Conclusión y Pasos a Seguir

Resumen de puntos clave

En el mundo digital actual, TikTok se ha convertido en una plataforma esencial para los creadores de contenido que buscan monetizar su presencia en línea. Este subcapítulo resalta los puntos clave que permiten a los creadores transformar sus seguidores en clientes efectivos. A través de estrategias bien definidas, los creadores pueden aprovechar su influencia para impulsar las ventas de productos de manera orgánica y atractiva.

Uno de los aspectos fundamentales es la autenticidad. Los usuarios de TikTok valoran la conexión genuina y la transparencia. Los creadores deben construir una relación sólida con su audiencia, compartiendo no solo su contenido, sino también sus experiencias personales y la historia detrás de los productos que promocionan. Esta conexión emocional es crucial para que los seguidores confíen en las recomendaciones y se sientan motivados a realizar una compra.

Otro punto clave es el uso de contenido visual atractivo. TikTok es una plataforma altamente visual, por lo que los creadores deben invertir en la calidad de sus videos. Utilizar efectos visuales, música pegajosa y elementos creativos puede hacer que los productos se destaquen y capturen la atención de los usuarios. La narración de historias a través de contenido dinámico puede ser una herramienta poderosa para mostrar los beneficios y características de los productos de manera efectiva.

Además, es esencial implementar llamadas a la acción claras. Los creadores deben guiar a sus seguidores sobre cómo adquirir los productos que están promocionando. Esto puede incluir enlaces directos en la biografía, promociones exclusivas o el uso de códigos de descuento. Facilitar el proceso de compra no solo aumenta la probabilidad de conversión, sino que también mejora la experiencia del usuario, haciendo que se sientan más inclinados a seguir comprando en el futuro.

Finalmente, el análisis de datos y la retroalimentación son cruciales para el crecimiento continuo. Los creadores deben monitorear el rendimiento de sus publicaciones y campañas de venta, utilizando las herramientas analíticas que ofrece TikTok. Comprender qué tipo de contenido resuena más con su audiencia permitirá ajustar las estrategias y mejorar la efectividad de las futuras iniciativas de venta. La adaptabilidad y la constante evolución son elementos clave en el camino para convertir seguidores en clientes leales.

Plan de acción para creadores

El primer paso en el plan de acción para creadores de contenido en TikTok es establecer una estrategia clara que defina los objetivos y metas a alcanzar. Es fundamental que los creadores identifiquen qué tipo de productos desean vender y cómo estos se alinean con su contenido actual. Esto no solo ayuda a mantener la autenticidad, sino que también facilita la conexión con la audiencia. Al definir la propuesta de valor, los creadores deben considerar tanto sus fortalezas como los intereses de su público objetivo, asegurándose de que el producto que desean promocionar resuene con sus seguidores.

Una vez que se han establecido los objetivos, el siguiente paso es crear contenido atractivo y relevante que integre suavemente el producto. Esto implica diseñar videos que no solo muestren el producto, sino que también cuenten una historia o ofrezcan valor adicional a la audiencia. Por ejemplo, un creador de contenido de belleza podría realizar tutoriales usando un cosmético específico, mientras que un creador de estilo de vida podría compartir consejos sobre cómo incorporar un producto en la vida diaria. La clave está en ser creativo y mantener el enfoque en el entretenimiento, evitando que el contenido se sienta demasiado comercial.

Además, es esencial interactuar con la audiencia de manera constante. Los creadores deben fomentar la participación mediante preguntas, encuestas y respuestas a comentarios. Esta interacción no solo ayuda a construir una comunidad leal, sino que también proporciona información valiosa sobre lo que realmente interesa a los seguidores. Al conocer mejor a su audiencia, los creadores pueden ajustar su contenido y sus estrategias de venta para satisfacer las necesidades y deseos de sus seguidores, creando así un ciclo de retroalimentación que favorezca la conversión.

Aparte de la creación de contenido y la interacción, los creadores deben aprovechar las herramientas de marketing disponibles en TikTok. Las funciones como los anuncios in-feed, los desafíos de hashtags y las colaboraciones con otros creadores son excelentes maneras de aumentar la visibilidad del producto. Implementar un enfoque multicanal también puede ser beneficioso; por ejemplo, redirigir a los seguidores hacia otras plataformas donde se pueda concluir la compra o donde se ofrezcan descuentos exclusivos. Esto amplía el alcance y maximiza las oportunidades de venta.

Finalmente, es crucial medir y analizar los resultados. Los creadores deben utilizar las métricas de TikTok para evaluar el rendimiento de su contenido y ventas. Esto incluye analizar qué tipo de videos generan más engagement, cuáles son las tasas de conversión y cómo varían estas cifras con diferentes enfoques de contenido. Con esta información, los creadores pueden optimizar continuamente su estrategia, adaptándose a las tendencias del mercado y las preferencias de su audiencia. Así, el plan de acción se convierte en un proceso dinámico que impulsa no solo las ventas, sino también el crecimiento y la relevancia en la plataforma.

Inspiración para seguir creciendo en TikTok

El crecimiento en TikTok no solo se basa en la creación de contenido, sino también en la capacidad de adaptarse y evolucionar con las tendencias y las preferencias del público. Para los creadores de contenido que buscan vender productos a través de esta plataforma, encontrar la inspiración correcta es fundamental. Esto implica observar lo que funciona, aprender de otros creadores y estar al tanto de las novedades de la red. La inspiración puede venir de diversas fuentes: desde otros usuarios hasta la propia cultura digital que rodea a TikTok.

Una de las maneras más efectivas de inspirarse es seguir a creadores de contenido que han logrado convertir su pasión en un negocio exitoso. Analizar sus estrategias y el tipo de contenido que producen puede ofrecer valiosas lecciones. Por ejemplo, algunos creadores optan por mostrar el proceso detrás de sus productos, lo que genera una conexión emocional con la audiencia. Otros se enfocan en la narración de historias que resuenan con su público, creando un sentido de comunidad. Adaptar estas técnicas a tu propio estilo puede ser la clave para atraer a más seguidores y, eventualmente, convertirlos en clientes.

Además, es esencial mantenerse actualizado con las tendencias de TikTok. La plataforma evoluciona rápidamente, y lo que es popular hoy podría no serlo mañana. Participar en retos virales, utilizar música en tendencia y aprovechar los hashtags populares puede incrementar la visibilidad de tus publicaciones. No solo se trata de seguir la corriente, sino de integrar estas tendencias de manera auténtica en tu contenido para que resuene con tu marca. La combinación de creatividad y relevancia es una fórmula poderosa para captar la atención de nuevos seguidores.

La interacción con la audiencia también es una fuente de inspiración. Al responder a comentarios, realizar encuestas o simplemente preguntar a tus seguidores qué tipo de contenido les gustaría ver, puedes obtener ideas frescas y relevantes. Este tipo de interacción no solo fomenta una comunidad activa, sino que también te permite adaptar tu contenido a las necesidades y deseos de tus seguidores. Recordar que tu audiencia es una parte integral de tu crecimiento te motivará a crear contenido que realmente resuene con ellos.

Por último, es importante recordar que el crecimiento en TikTok no es un proceso lineal, y los altibajos son parte del camino. Mantener una mentalidad positiva y estar abierto a experimentar con diferentes formatos de contenido te ayudará a encontrar lo que realmente funciona para ti y tu audiencia. La perseverancia es clave; cada interacción y cada video son oportunidades para aprender y mejorar. Al final, la inspiración para seguir creciendo en TikTok proviene de la combinación de observación, adaptación, interacción y una actitud resiliente.

www.ingramcontent.com/pod-product-compliance
Lightning Source LLC
Chambersburg PA
CBHW051534240526
45471CB00020B/2671